オトナ女子のための

さみしさくんのトリセツ

大森篤志
Atsushi Omori

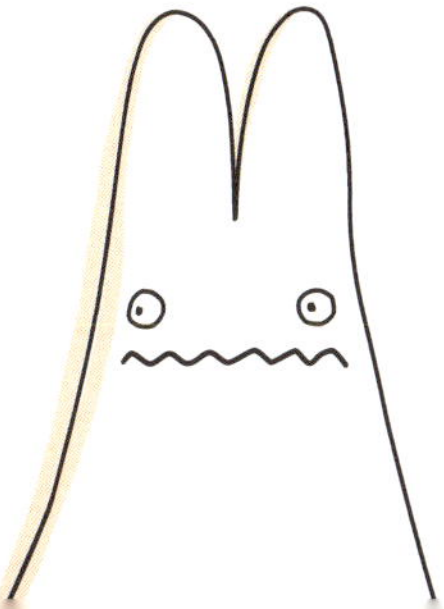

飛鳥新社

さみしさくんは 突然 やってくる

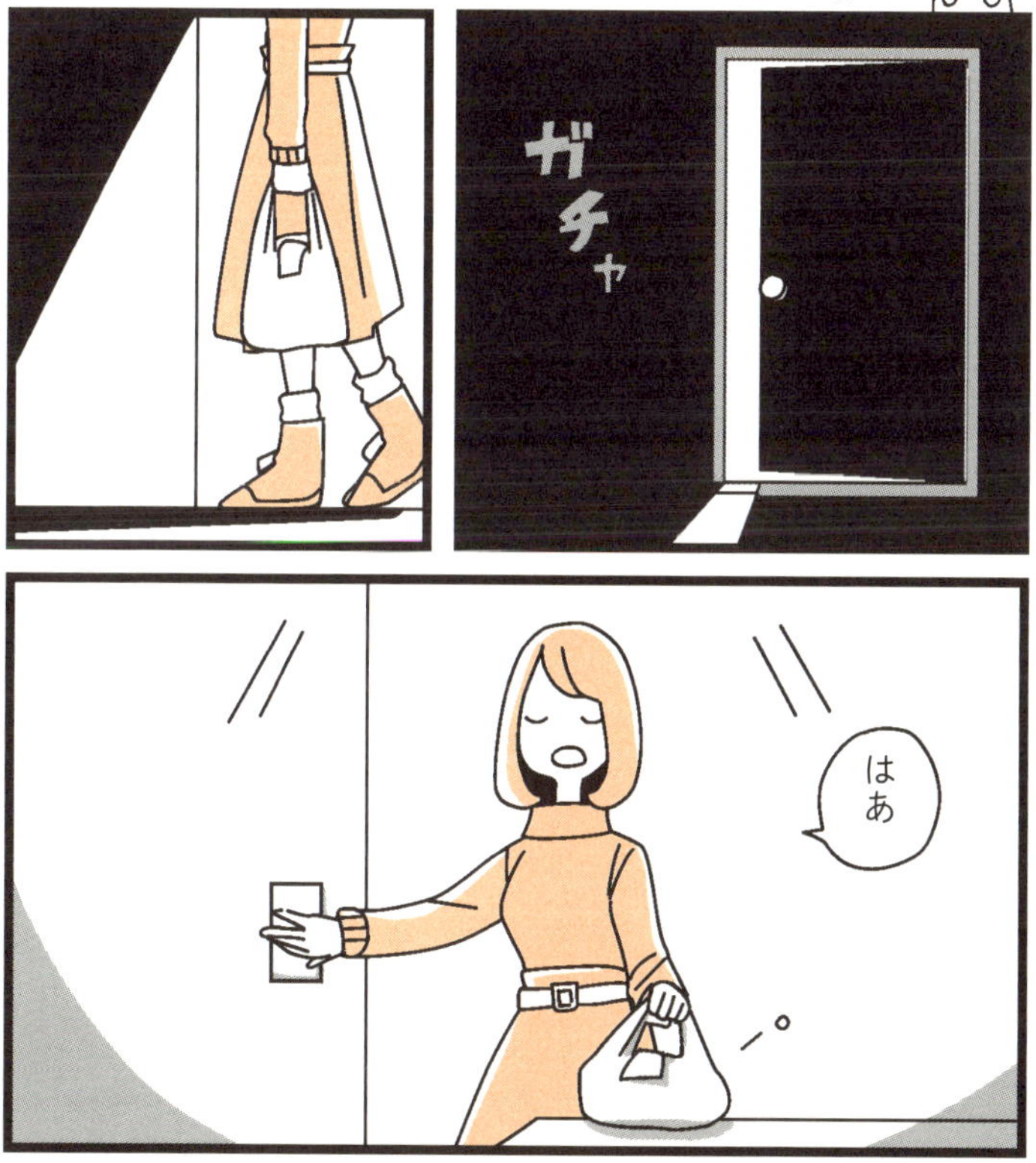

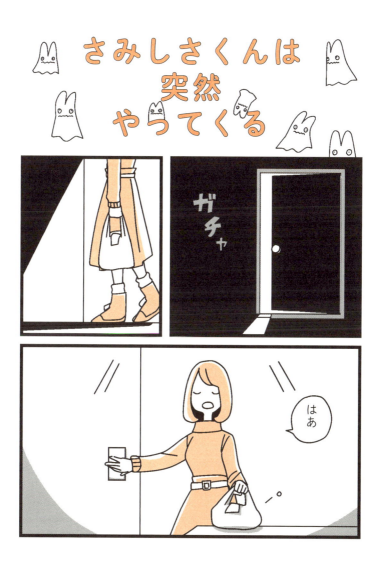

今日も仕事でミスしたな
はあ
もう寝よ!
ポイッ

へえええ、ユカちゃん
結婚したんだ
近況です♪
HAPPY
本日私たち夫婦は
結婚しました
佐藤さん、出世したんだ
ミカちゃんは第2子出産だって
2時間後
どうしよう
どっしりとした
不安
みしっ……
私だけみんなと比べて出遅れているみたい……

はあ
ぽろっ
えっ?
なにこれ〜〜〜

CONTENTS

1章 さみしさはエネルギーである

2章 自分の気持ちを整理する

3章 なりたい自分に近づく

4章 逃げ道を作っておく

7章 人に与える

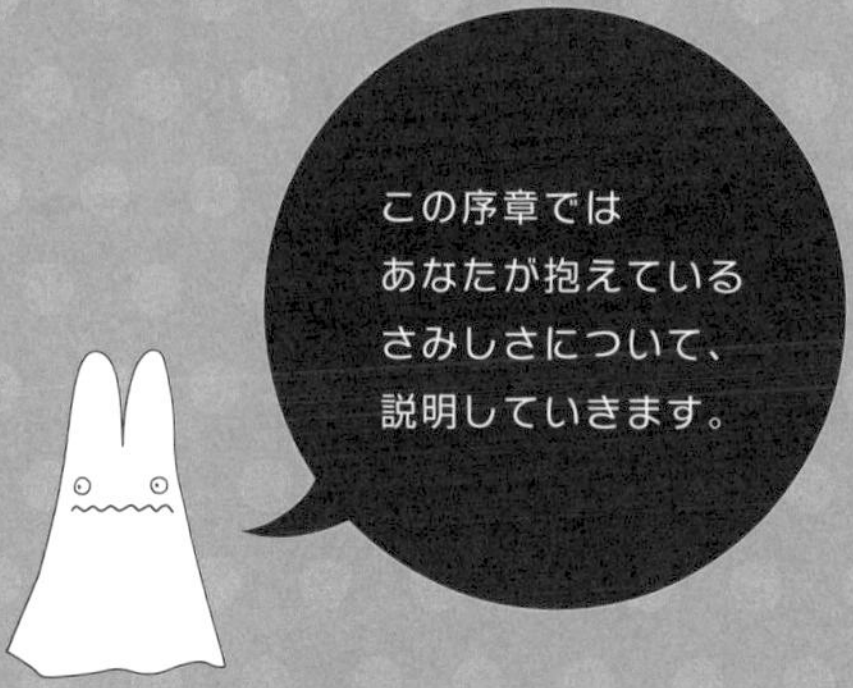
この序章では
あなたが抱えている
さみしさについて、
説明していきます。

序章
さみしさって なんだろう

さみしさは誰しも感じている

あなたはひとりでいるとさみしいですか？

私は普段、心理・行動分野の研究を行いながら、働く女性のお悩み解決サイトを運営しています。

私のもとへ相談に訪れるみなさんの悩みは多岐にわたります。

将来の生活がどうなってしまうのだろうと不安に感じていたり、パートナーと理解しあえなかったり、会社の人間関係がうまくいっていなかったり、中には友人が少ないことで悩んでいる人もいます。いずれにしても、心に居座るさみしさをどうにかしたいと感じて、カウンセリングを受けられる方が多いのです。

そのような悩みに対して**最新の行動・認知・脳・心理の学術研究に基づく科学的な方法**はもちろんのこと、女性のみ50名以上の組織を円滑に運営してきた管理職としての現場経験なども取り入れ、すぐに実践できて効果の高い方法で、**延べ５０００人**

もの幅広い年代の女性たちの悩みを解決してきました。

本書では私が実際に相談者のさみしさを解消してきた方法の中から、特に効果的でカンタンなものに絞って53項目を集めました。

それらの方法はカンタンに思えても、すべて科学的根拠に基づいています。

さみしさを感じにくい人は知識がなくても、これらの方法を自然にやっているのです。

さみしさは悪いもの？

さっそく、その方法を……といきたいところですが、その前に。

「さみしさ」という感情について、お話しさせてください。

ちょっとだけ、難しい話もありますが、理解しているのといないのとでは、効果も違ってきます。

たった6ページだけですから、できれば読んでください。**理屈はいいから、という人は、22ページまで飛ばしても構いません**。


私たち人間は、感情をよいものと悪いものに分けて評価したがります。

人間の代表的な感情である喜怒哀楽を例にするなら、「喜」と「楽」はよい感情で、「怒」と「哀」は悪い感情と評価しているのではないでしょうか。


しかし、**感情は人間が幸せに生き延びるために必要な行動を促《うなが》すエネルギー**であって、本来よいも悪いもありません。

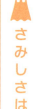

もし、よい悪いがあるとするなら、それはエネルギーの使い方に問題があるからでしょう。たしかに怒りや悲しみに振り回されてしまう人は多いと思います。

それゆえに、怒りや悲しみの感情が悪者扱いされやすいことも理解できます。

しかし、どんな感情にも肯定的な役割があることを忘れてはいけません。

例えば、怒りの感情を生み出すことで敵を威嚇《いかく》し遠ざけることや、悲しいという感情が涙を誘いストレスを体外に放出することもその一つです。

では、さみしいという感情には一体どのような役割があるのでしょうか？

ずばりお教えしますと、さみしいという感情には、**つながりを実感するために必要なアクションをあなたに起こさせる役割**があるのです。

脳が「つながりを実感しなさい。そのための行動をしなさい」とあなたに命令を出している、そういう状態をイメージするとわかりやすいでしょうか。

孤独のメリットについての研究を行っている米シカゴ大学の研究結果によると、**孤独感は他者との結びつきを強めるのに役立つ**ことがわかっています。

さみしいという感情は憎むべき悪者では決してありません。

あなたが新しい一歩を踏み出すきっかけをくれる、むしろ愛すべき存在なのです。

さみしさを消すことより、上手に利用することを考えましょう。

リア充でもさみしさを感じている

「私は友達が少ないから、何かしたところでさみしさはなくならないのでは」と相談を受けることがあります。

たしかに、人とのつながりを実感するという意味で友達の存在は大切です。

しかし、**人とのつながりを実感することに、友達の人数はまったく関係がありません。**

友達が少なくてもさみしさを感じずにいきいきと過ごしている人もいれば、友達が多くてもさみしさを感じうつうつとした気分で過ごしている人もいます。

さみしさを和らげるために必要なことは、つながりを感じることです。そして、つながりというのは、なにも人間関係のことだけではありません。

例えば、毎週楽しみにしている大好きなテレビドラマを観て「これから一体どうなるのだろう」とわくわくしている場面を想像してください。

そんな時、きっとあなたはさみしさを感じないはずです。

その時のあなたの心がテレビドラマの世界観とつながっているためさみしさを感じないのです。同じように、仕事に打ち込んでいる時や趣味に熱中している時などもさみしさを感じにくいでしょう。


肝心なのは、**その時や相手と深いつながりを実感すること**なのです。

そういう意味でも、つながりというのは、友達の人数やＳＮＳ上におけるフォロワー数などの大小で計ることはできません。

数が少ないからさみしい、数が多いからさみしくないということでは全くないのです。


人間には顕示《けんじ》欲求といって、自分を他者にアピールしたい欲求があります。それはかまってほしいという裏返しでもあります。

つながりを数で意識してしまうのは、他者の注目を自分に集めることでさみしさを埋めようという心理の表れなのです。


豪チャールズ・スタート大学の研究チームによる研究結果では、さみしさを感じている人ほどFacebookで個人的な情報を詳しく公開しているという傾向があることもわかっています。

つまり、**SNS上で充実した生活ぶりをアピールしている人のほうが、実は虚《むな》しさや、さみしさを強く感じている可能性もある**のです。

本書では、単に数値だけで計るものではなく、その時や他者とつながっていることをあなた自身が深く実感することをつながりと呼んでいます。

「自分は一人ではない。誰かと、何かと、必ずつながっている」という真実を心の深いところで認識できるとさみしさは薄れていきます。

つまり、ちゃんとつながることさえできれば、自分以外の一人とつながるだけでもさみしさは埋まるのです。

さて、かたい話はここまでです。

あとはいよいよ、具体的でカンタンな実践法をご紹介していきます。

本書の使い方

さみしさくんの愛称で

そもそも人間は感情の生き物です。ひとつの感情だけを持たない人間はいません。どんなにさみしい気持ちを払拭《ふっしょく》しようと努力しても、ふとした瞬間にひょっこり顔を出すのがさみしさです。その気持ちを消すことより、いかに上手に付き合っていくかについて考えていくことが大切でしょう。

そこで、さみしいという感情に親しみと愛を込めて、本書ではさみしさくんという愛称で呼ぶことにしました。

とりあえずでもいい

今回ご紹介する全ての方法は、実行してはじめて効果が期待できるものです。実行しなければさみしさくんを手なづけることはできません。

「そんなのすぐにできるよ」と言いながら一向に行動しない人もいますが、それでは意味がありません。肝心なのは、「実生活で経験したか」です。

あれこれ考えすぎてなかなか実行に移せない場合は、とりあえずの見切り発車でも構いません。とにかく行動することが大切です。

さみしさくんの種類とレベル

まずは、あなたのさみしさの種類とレベルを見極めましょう。

「最近、休日が退屈だな」と感じるくらいの軽い症状から、ベッドで涙が止まらなくなるくらいの辛い症状まで、レベルにあったタスクを用意しています。

「さみしさくん」レベル1

ぼんやりしている時にだけ、ひょっこり顔を出すさみしさくんは、毎日の生活の中でできることから追い出すことができます。さみしさくんと目があった時、ささっとできるタスクをレベル1にしています。

「さみしさくん」レベル2

心がざわついて落ち着かない時に隊列を組んでやってくるさみしさくんには、休日にしっかり向き合って取り組めるタスクで追い払いましょう。

「さみしさくん」レベル3

涙が止まらないくらい辛い症状は、しつこく湧いたさみしさくんのせい。カンタンには追い払えません。じっくり腰をすえて、レベル3のタスクに取り組んでみましょう。

登　場　人　物

まみちゃん

アフター５はまっすぐ家に帰る、
彼氏いない歴５年のOL。
最近、さみしい気持ちを
強く感じるようになる。

さみしさくん

ひとりになった時や
不安を感じると、
どこからともなく現れる感情。

主食は「不安」。最近はストレス
マヨネーズをかけて食べることも。

夜になると活動的になる、
夜行性の生き物。

口癖は「もし～だったら」、
「もし～していれば」。

コーヒーや紅茶の香りが苦手。
カップには近づけない。

行きつけのお店はコンビニ。
カップ麺、レトルト食品が大好き。

冷たくて暗いところが好き。
好きな色も寒色系。

どうすればいいの〜

まずは簡単にできるベビーステップ

わらわらと集まってきて溜《た》まりにたまったさみしさくんを一気に掃《は》きだそうとしても、その時はすでに多勢に無勢、もう自分一人ではどうにもできません。

普段からこまめに対処することが、さみしさくんの増殖《ぞうしょく》を防ぐコツです。

まずはベビーステップとして、その場ですぐにできて、即効性の高いものを5つ集めました。

新しいことを始めたり、何かを習慣にすることが苦手という人でも簡単に取り入れられる方法です。

「こんなにもカンタンな方法で効果があるの？」と感じるかもしれませんが、カンタンでも実際にやってみないことには効果は得られません。

掃いても掃いてもいなくならないさみしさくんに効く、とっておきの方法ですから、ぜひ実践してみてください。

目薬をさして1分間目を閉じましょう

ストレス社会で生きるためには、ストレスと上手に付き合っていく適応力が必要です。

ストレスにうまく対処できないと、自分のメンタル力でさみしさの活動を抑制することが難しくなります。

ストレスを小まめに発散・解消することがさみしさくんを手懐ける鍵。そこでオススメなのは、いつでもどこでも手軽にできるストレス解消方法です。

まず、目薬を用意し、アラームを1分に設定してください。清涼感レベルの低い目薬がオススメです。アラームをかけたら目薬をさして目を閉じましょう。その間は目を開けてはいけません。

アラームが鳴るまでは目薬が浸透していく感覚に意識を集中させます。目を閉じている間は雑念が消え、たった1分間でも脳がリフレッシュされるでしょう。

太陽の光をイメージしましょう

身体の緊張が続くと感情を司《つかさど》る脳の**扁桃体《へんとうたい》**が興奮し、メンタル不調を起こしやすくなると考えられています。つまり、**身体が緊張しているとさみしいという感情も活動的になる**のです。

そこでオススメなのが、身体の感覚をつかみながら、リラックスしている自分を想像して身体の緊張をほぐす方法です。

継続していくうちに**自分で脳の興奮を和らげて、さみしさを抑制する**ことができます。

まず、椅子に深く腰かけて、姿勢を正します。目を閉じて、深呼吸を3回繰り返します。その時、意識を集中させて、体のどの部位に緊張感や違和感があるかを探ります。

次に、青空の下に広がる芝生でリラックスしている自分をイメージします。太陽の光を浴びる穏やかな感覚にしばらく浸っていると、身体が温かくなって緩んでいくような感覚が得られるでしょう。

メールやＬＩＮＥを整理しましょう

スマホの中がぐちゃぐちゃだと、最近のよくない過去に引き戻されてしまいます。
話が完結している過去のメールを専用のフォルダを作って整理したり、既に関係が終わった相手やあまり連絡を取り合わなくなった相手とのＬＩＮＥトークを非表示にしましょう。**定期的にメールやＬＩＮＥをすっきりさせておく**と、いたずらに過去を回想せずに済みます。

スマホをいじる時間が増えている今、ふとした瞬間に過去のメールやＳＮＳ等の情報に触れる機会も多くなります。

過去を回想し始めるとさみしさくんがムクムクと成長してしまいますので、その必要がない場合は過去を振り返らず、今ここの自分に意識が向くようにしましょう。

姿勢を正して見上げましょう

気持ちが後ろ向きになっている時は、無意識に姿勢が悪くなり、顔も下を向いているものです。さみしさくんはしょんぼりしている人が大好きです。

人間の精神状態は下を向くか、上を向くかで大きく変わります。

例えば、人間関係に疲れた時に、背中を丸め、肩を落とし、顔を下に向けると、ネガティブなことばかり考えてしまい本当に体が重く感じるようになります。

一方、背筋を伸ばし、胸を張り、顔を上に向けると、解決策などの生産的な考え方ができるようになります。**姿勢を正すだけでも精神は安定し始める**のです。

さみしさくんは情緒不安定な人を常に探しています。

見た目で情緒不安定な人と判断され執拗にまとわりつかれたくないなら、背筋を伸ばし、胸を張り、顔を上に向けてください。

今日やることを箇条書きにしましょう

やることを紙に書きだして番号を振り、あらかじめ優先順位を決めておきます。

そして、優先順位の最も高いものから取り組み、完了したら極太の黒マジックで大胆に塗りつぶしてください。

シャープペンシルやボールペンなどで、細い横線を引くよりも遥かに大きな達成感が得られると同時に、リラックスすることもできます。

日常のひとつひとつの動作を意識的にラベリングすると、さみしさくんに付け入られる心のすき間を作らないで済むはずです。

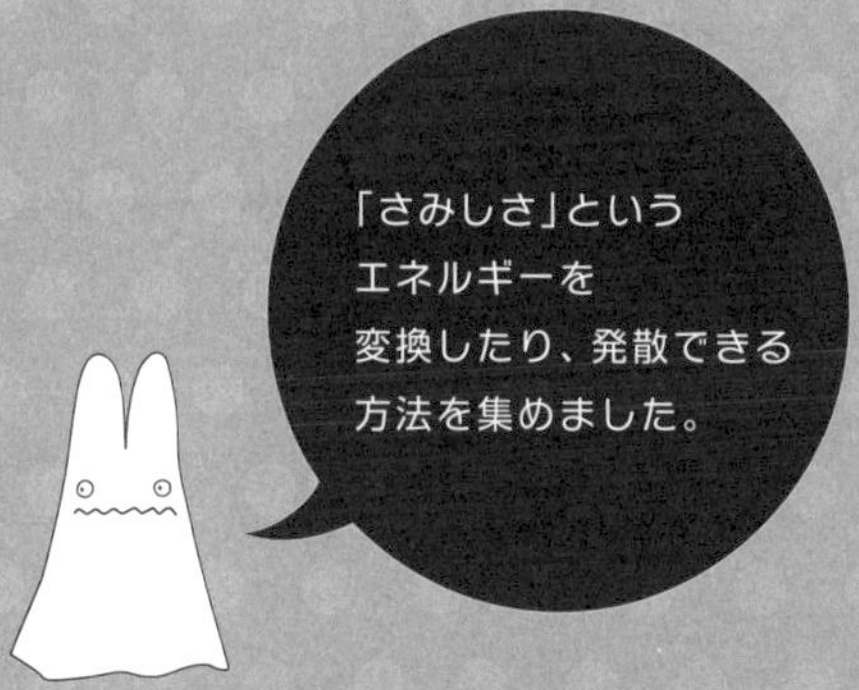
「さみしさ」という
エネルギーを
変換したり、発散できる
方法を集めました。

1章
さみしさは エネルギーである

コーヒーや紅茶を
「丁寧に」入れましょう

LEVEL

まず、お気にいりのコーヒーカップやティーカップを用意してください。

持ち合わせていない場合は、運命のカップを求めて探しに行きましょう。

道具をそろえたら、自分好みのコーヒー豆や紅茶の茶葉を厳選《げんせん》し、オリジナルブレンドを開発してみてください。

コーヒーミルを使って豆を手びきしたり、日本紅茶協会が薦《すす》めている紅茶の入れ方のゴールデンルールに従うのもオススメです。茶葉によって蒸らし時間のマイルールを作ってみるのもよいかもしれません。

時間をかけてプロセスにこだわる分だけ、香りが引きたち、味の広がりと深みが増すはずです。

コーヒーや紅茶の上質な香りは、**快・不快の感覚を司《つかさど》る大脳《だいのう》辺縁系《へんえんけい》に作用し、高いリラックス効果や幸福感を得る**ことができます。

さみしさはコーヒーや紅茶の香りがつくる安らぎや楽しげな雰囲気が大嫌いです。顔色を変えてあなたのもとを離れていくでしょう。

コーヒーや紅茶のよい香りは さみしさくんの鼻を刺激する

今記を書きましょう

●今、使っている手帳に書くのでも、別で今記帳を用意しても構いません。

LEVEL

意識が今に集中している人の心に、さみしさの入りこめるすき間はありません。

そのため、さみしさの感情が活動的になっている時は、日記ではなく今記《いまき》を書くことがオススメです。

今記とは、今、自分が感じていることだけにフォーカスして書く日記のようなものです。日記と異なっているのは、今より前の過去と、今より先の未来のことは一切、書かないこと。

1日を振りかえりやすい夜に日記を書く習慣があるという方も多いと思いますが、意識して過去や未来に関することは一切、書かないよう注意しながら、「今、自分が何を感じているのか」という1点についてのみ書いてください。

昨日を振りかえったり明日を想像したりせず、**今の自分の感情を丁寧に**書きだしてみましょう。

「今ここ」にいる自分を意識して生きる練習になり、続けていくとさみしさを感じないようになってきます。


「今ここ」にいる自分を感じることがさみしさを撃退する

必要がなくても美容室に行きましょう

LEVEL

今の自分が憧《あこ》れる女性をイメージし、ヘアスタイルを真似してみてください。そっくりそのまま真似をする必要はありません。デザインを少し取りいれたら自分なりにアレンジを加えても構いません。担当の美容師と相談しながら、流行の最先端に挑戦してみるのもいいでしょう。

テーマは、チェンジです。

さみしさくんは、変化のない人間が大好きです。

変わりばえしないずっと同じ印象の人を探しては、終《つい》の棲家《すみか》にしようと考えています。せっかく美容室に行っても、注文するヘアスタイルはいつもと同じという方も多いのではないでしょうか。

美容室へは、ただ髪を切りに行くのではなく、チェンジするために行きましょう。

さみしさくんを寄せつけないようにするためには、定期的に変化することが大切です。

そういう意味でも**美容室に行く周期は、さみしさ対策としてうってつけのタイミング**と言えるでしょう。

さみしさくんが顔を出したら今すぐ美容室を予約しよう

バッティングセンターに行きましょう

LEVEL

近所にないと思っている方は多いと思いますが、探せば意外とあるものです。フォームなど気にせず、フルスイングでボールを打ちかえしてください。

さみしさは、怒りや憎しみにも反応します。

怒りや憎しみのテンションがピークに達した後は、冷静さを取りもどし、最終的にはどこかさみしい気持ちになるものです。

しかし、そのまま怒りや憎しみが消えるわけではありません。

無理してのみこんで放っておくと心にへばりついてしまうのです。

怒りや憎しみの感情が湧《わ》きあがってきたら、抑《おさ》えずに解放することも大切です。とはいえ、相手に殴りかかったり、暴言を吐くことはもちろん許されません。

感情を解放するなら、正しい方法で行いましょう。

バットでボールを打ちかえす瞬間の「カキーン！」という音によってスカッとした感覚を味わえるはずです。

野球が苦手であれば、ボウリングやゴルフの打ちっぱなしに行くことでも同じような効果が見こめます。

さみしさもボールと一緒に飛ばそう

「私は運がいい」と
言葉にしましょう

さみしさくんがターゲットにするのは自己評価の低い人です。ここで興味深い調査結果をひとつ紹介します。

仕事が順調なオトナ女子たちを対象に「あなたの仕事がうまくいっている一番の理由は何ですか」というアンケート調査を行ったところ、なんと8割以上が「運」と答えたそうです。

運と言っても、単にラッキーだったからという意味ではありません。彼女たちは**常に「自分は運がいい」と思いながら過ごしているのです。自己暗示が現実の世界に強い影響をおよぼしている**ことがわかります。

もし今のあなたがさみしさの存在を強く感じているのだとしたら、それは「ツイてない」と思う気持ちが強いからなのかもしれません。自分の中からさみしさくんを追いだしたいのなら、**自己暗示をネガティブなものからポジティブなものへ修正して自己評価を高める必要**があります。

「私は運がいい」などのポジティブな言葉を自分に言いきかせてみてください。

自己暗示という方法は、単なる精神論ではありません。心理学や脳科学などの観点からも有効な方法です。どうぞ心の改革として実践してみてください。

ポジティブな呪文を唱えていこう

あえて、不便なことをしよう

LEVEL

自制心を高めると、自らの意志でさみしさを抑制することができます。我慢できなかったり、怒りっぽくなっている人は、普段の生活の中で**自制心が低下しています。そんな時は、意識的に自制心を高めていく努力が必要**です。

しかし、皮肉にも現代は自制心を高めるのが困難な時代と言えます。なぜなら、現代は昔とは違って、苦労せずとも、すぐに欲求を満たせる時代だからです。

たとえば、今は飛行機や新幹線を利用すれば、短時間で目的地へ行ける時代です。知りたい情報も欲しい物もネットで見つけられ、夜中でもお店で食事ができます。いずれにしても、現代は欲しいと思ったらすぐにものが手にはいる便利な仕組みが整っています。

昔はものもお金もなかったため、必然的に我慢や苦労が絶えませんでした。しかし、そうした我慢や苦労が、高い自制心につながっていたのではないでしょうか。便利をいいことに自制心を高める努力を怠《おこた》ってはいけません。

少しくらいの不便さや不都合さがなければ自制心は鍛《きた》えられないのです。

まずはスマホを置いて散歩をしてみよう

不安を行動力に転換しましょう

LEVEL

不安は強いエネルギーになる

さみしさくんの主食は不安です。

不安という感情をうまくコントロールすることができないと、さみしさくんの成長を促《うなが》すことにもなりかねません。

自分だけが不安でいっぱいになっていると思っているかもしれませんが、おとな女子は多かれ少なかれ、仕事や私生活において不安を抱えているものです。

また、年齢を重ねるごとに大きくなっていく不安のひとつに健康があります。

一方、健康に対する不安があるからこそ、食事に気を使ったり、運動を取りいれるなどの健康を意識した行動につながる側面もあります。

これは恋愛や転職などの不安にも同じことが言えます。

彼の愛情への不安が女磨《みが》きに繋がり、転職への不安がスキルアップするきっかけになる場合もあるでしょう。

不安は人を成長させるプラスのエネルギーへ転換することができるのです。

そう考えると、いたずらに不安を悪者あつかいするのは危険かもしれません。

不安は自分にとって必要なものと考えることができるようになれば、行動力に転換できるものです。

COLUMN

心を整えることに専念しましょう

さみしさは、明るい山頂よりも暗い谷底を好みます。

あなたがさみしい気持ちになるのは、今のあなたが人生の谷にいる、あるいは人生の谷に差し掛かっているからかもしれません。

谷の深さはその時々で異なり、深い時も浅い時もあります。谷が浅ければすぐに抜け出せるものですが、谷が深いと一段と暗くなり先が見えにくいため、このままの状態がずっと続くのではないかと悲観的に考えてしまうこともあるでしょう。

しかし、谷だけが続くことは決してありません。過去を振り返ってみると、自分の人生が浮き沈みの連続だったことに気づくはずです。いま谷にいるからと自暴自棄《じぼうじき》になってはいけません。谷にいる時は闇雲《やみくも》にエネルギーを浪費するのではなく、心を整えることに専念してください。

過去の手帳や日記を読み返したり、アルバム写真や動画などを見るのもオススメです。これまで経験してきた多くの楽しかったことや嬉しかったこと、人の優しさや温もり、愛情や感謝の気持ちなどを思い出してみましょう。

谷があったからこそ自分が成長できたこともたくさんあるはずです。谷の状況をどのように捉え、行動していくか、一度冷静になって考えてみてください。

人生の谷は思い返してみると、悪いことばかりではないのです。

さみしさを
追い払うためには、
自分のことや気持ちを
知ることが大切です。
あなたの内面を
感じられるような
タスクを集めました。

2 章

自分の気持ちを整理する

本屋さんに行きましょう

LEVEL

近所で一番大きな本屋さんを選んでください。

時間があるなら少し遠出しても構いません。本屋さんに着いたら、まるでお目当ての本があって、それを探しているような足どりで、ゆっくりと店内をウロウロしてみましょう。

本のタイトルに目を向けていると、ふと手に取りたくなる本に出あえるはずです。その本は、その時の自分の心境にピッタリの内容だったり、求めていた答えが書かれている本だったりすることもあります。

そんな本との出あいを求め、冒険心を持って本屋さんに行ってください。

遊園地などのテーマパークもよいですが、**自分の内面と向きあい、言葉によって心のすき間を埋める**ことを考えたら、本屋さんほど適した場所はありません。

何の道標《みちしるべ》もなく闇雲《やみくも》に思考をめぐらせるとさみしさくんは活発に動きはじめます。しかし、その時に欲しかった言葉がみつかれば、「今からどうするか」という生産的なことを考えられるようになるでしょう。

今と行動に意識が向くとさみしさくんはおとなしくなります。

言葉で心のすき間は埋められる

自分の感情に波があることを知りましょう

感情にもよい時もあれば悪い時もある

人間には突然、理由もなく気分が沈む時があります。なぜなら、**人間の感情にはバイオリズムと言って波があるから**です。

感情のバイオリズムには脳疲労《のうひろう》の影響もあるので、多くの人が夕暮れ時になると感傷的《かんしょうてき》になりやすいのもそのためです。バイオリズムによって気分が沈んでいる時にもさみしさくんは活動的になりますので、理由が思いあたらない時ほど、いたずらにさみしさくんを刺激しないように過ごしましょう。

情緒が安定している時は物事を前向きに考えられるものですが、気分が沈んでいる時は何をするにも気が進まず、余計な心配をしたり、いらぬ不安に襲われたりして物事を後ろ向きに考えやすくなります。

特に**オトナ女子の場合は、ホルモンのバランスによって体調が悪くなって、強烈なさみしさに襲われること**も珍しくありません。

そんな時は「きっと感情のバイオリズムのせいなのだろう」と考えましょう。感情には波があるという前提に立って、客観的に自分の感情を受けとめるよう努めると心がラクになるはずです。

自分史を書きましょう

●履歴書や職務経歴書を書くこともカンタンにできてオススメです。

LEVEL

年齢や勤続年数などの節目、就職や転職、配置転換やキャリアアップ、あるいは結婚や出産など転機となるタイミングで、自分の人生を描きなおしてみましょう。なぜなら、人生に迷いが生じるとさみしさを感じやすくなるからです。

そこでオススメしたいのは、**自分自身の棚おろし**をすることです。たっぷり時間をかけて、大切にしていること、好きなこと、できること、なりたい自分、困った時に助けてくれる人の名前などをくまなく書きだしてみます。

何から書いたらいいかわからない場合は、**0歳から現在までの出来事を年表形式でまとめた自分史を作成**してみるのもいいでしょう。

その上で、自分が現在より成長していくために必要なものや手放したほうがよいもの、さらに強化が必要なものは何かを考え、具体的な行動計画を作成しましょう。大きなグラフ用紙にマジックで書くのでも、パソコンでプレゼン資料を作成するようなやり方でも、原稿用紙に書くのでも構いません。

自分自身の棚おろしは、一般的にいう「商品の在庫チェック」のように計算しやすいものではないかもしれませんが、きっちり作りこめば人生の羅針盤《らしんばん》になるはずです。

自分の人生を思い返して「棚おろし」をしてみましょう

父親について考えましょう

●あなたの内面で父親と心をつなぐことが目的ですから、父親が存命であってもそうでなくてもできます。

LEVEL

もしあなたが**仕事や恋愛、将来のことが理由でさみしさを抱いているのであれば、この機会に父親との関係を見なおしましょう**。なぜなら、それらの悩みには父親との関係が影響をおよぼしている可能性があるからです。

人が生まれて初めて認識する男性は父親になります。父親を嫌ったり憎んだりすると他の男性に対しても同じような感情を抱きやすく、そのせいで男性関係がうまくいかなくなるということも少なくありません。

まず、あなたが父親の立場に身を置くことから始めます。どんな想いを抱きながら父親はあなたと関わってきたのか、それらを感じとるよう努めてください。

あなたが感じていたことと、父親が感じていたであろうことを紙に書きだしてみたり、実際に渡す必要はありませんが、父親宛に手紙を書いてみるのもいいでしょう。

父親の社会的な姿勢を理解し、**父親寄りの思考や処世術《しょせいじゅつ》を身につけることで社会的ストレスにも強く**なります。

女性にとって、父親を受けいれて愛することが、仕事と私生活に好ましい影響をおよぼすことは間違いありません。

父親との関係性が改善されると他の対人関係もよくなります

母親について考えましょう

●父親の場合と同様に、当時の自分自身が感じていたことと、母親が感じていたであろうことを交互に紙に書きだしてみるのも効果的です。

LEVEL

もしあなたが**私生活や同性との人間関係について、常にさみしさを抱いているのであれば、この機会に母親との関係を見なおしましょう。**なぜなら、それらの悩みには母親との関係が影響をおよぼしている可能性があるからです。

人が生まれて初めて認識する男性が父親なら、女性は母親です。**母親の存在を疎《うと》ましく思っていると他の女性に対しても同じような感情を抱きやすく、そのせいで男性とはすぐ仲良くなれるのに女性とはうまく関係が築《きず》けないという悩み**も少なくありません。

母親との関係は、食事の支度や掃除・洗濯など、実生活に密着しているものです。もしあなたが変わりばえのない毎日や家庭の中に小さな幸せを見つける能力が高い場合、それは母親への理解が深まっているためでしょう。

一方、母親への理解が不足している人の中には、片づけが苦手でいつも部屋が散らかっていたり、極端《きょくたん》なキャリア志向で家庭をかえりみなかったりする人もいます。

もし今のあなたに家庭の外だけに生きがいを求めるところがある場合は、この機会に母親との関係を見なおしてみることをオススメします。

母親との関係性が改善することで
生活や心の在り方が安定します

ちょっと好きなことに100時間使ってみよう

LEVEL

夢中になれるもので頭をいっぱいにしよう

夢中になれるものがあれば、人は単独で行動をしていてもさみしい気持ちになることはありません。とはいえ、夢中になれるものを見つけようとしても、なかなか見つからないという人も多いのではないでしょうか。

何をしてもそれほど夢中になれないという人は、まず**自分の好きなことや楽しめることは何なのか、じっくり時間をかけて明確に**していきましょう。

少し大変ですが、**興味年表を作成するのがオススメ**です。横軸を年齢、縦軸を興味の強さとし、いつ、なにに、どのくらいの興味を抱いていたのかグラフ化します。

きっと忘れていた自分の情熱を再認識できるはずです。楽しめそうなことがわかってきたら、今度はそれをどう日常に取りいれていくかを考えてください。

例えば、パンをこよなく愛する人は、休日に少しずつ全国のパン屋さんめぐりをしていくのもよいでしょう。それぞれのパン屋さんならではの情報が千件、二千件と集まると、少しずつパン博士のような存在になっていくものです。やがて「パンのことならあの人に聞こう」となるのです。

好きなことに夢中になっていたら、いつの間にかそれが仕事になっていたという人も少なくありません。

思い込みで行動していないか確認しましょう

LEVEL

【質問】婚活イベントであなたはある男性に声をかけましたが、彼はあなたと目を合わせようとしません。

【ステップ1】あなたはどのような印象を持ちましたか。

A「失礼な人！」

B「私には興味がないのかな……」

C「女性との会話に慣れていないのかも」

【ステップ2】その時にどんな感情を持つでしょうか。

1「イライラする」

2「私ってかわいそう」

3「楽しんでいるといいな」

情報を歪《ゆが》めて認知してしまうと感情が乱れ、激しい怒りが湧きあがってきたり、さみしさくんが大量発生することもあります。

認知と感情のメカニズムを理解し、歪みや乱れを小さくする努力を続ければ、だんだんと怒りやさみしさを自分でコントロールすることができるようになるでしょう。

この質問では、あなたの認知の傾向がわかります。結果をみていきましょう。

Aの「失礼な人！」を選んだ人は、1の「イライラする」を選んだ人が多いはず。この場合、**相手を失礼な人と認知したために腹が立った**わけです。

では、Bの「私には興味がないのかな……」を選んだ人はどうでしょうか。おそらく2の「私ってかわいそう」を選択しやすいと思います。こちらは**自分の価値を低く認知したことによって生じた感情**です。

そして、Cの「女性との会話に慣れていないのかも」を選んだ人の多くは3の「楽しんでいるといいな」のように、相手を心配し気づかうことでしょう。この組み合わせは**もっとも情緒が安定している人の思考パターン**と言えます。

認知の歪みを修正して怒りやさみしさを鎮めよう

COLUMN

自分にとっての幸せを再定義しましょう

自分にとっての幸せをハッキリさせておかないと、しなければならないことに追いまわされ、本当にするべきことや、それをすれば幸せになれることが後回しになってしまいます。

やがて自分の人生を生きることができていないことに気づき、言い表せないさみしさに襲《おそ》われてしまうでしょう。自分にとって本当の幸せが何なのかをおぼろげにわかっているだけでは、さみしさの活動を完全に抑《おさ》えることはできません。ぜひこの機会にはっきりとクリアにしてみてください。

人は誰もが「幸せになりたい」と願っているはずです。それなのに、ほとんどの人は、その幸せが何かわかっていないのです。当たり前ですが、わからないものになることはできません。何のために生きているのか、何をすると幸せを実感できるのか、やらずに後悔することは何かなど、あらためて自分にとっての幸せを再定義しましょう。

決して派手ではない、ごく普通の人生だからこその幸せには、大金も特別な才能も必要ありません。

夢や目標に向かって
頑張っている人には
さみしさは寄り付きません。
なりたい自分に
近づく方法や考え方を
集めてみました。

3章
なりたい自分に近づく

普段より
メイクのトーンを
明るくしましょう

鏡に映った自分の顔を見て何を感じますか？

もしあなたの表情が暗く不満そうなら、さみしさくんの標的《ひょうてき》にされやすいので、今から対策を講《こう》じておきましょう。

まず、**ベースメイクのトーンをひとつ明るく**してみてください。

ピンクやオレンジなど**暖色系のカラー**を取りいれるのもいいでしょう。鏡やガラスに映る自分の明るい顔を見た時はおのずと気分も上向くはずです。

＋αの効果として、メイクによって顔を健康的に見せることは、あなたに好印象を持つ異性をみつけるきっかけにもなります。多くの男性は本能的に、顔色がよく健康的な女性を好むからです。

自分のメイクに自信がない場合は、デパートのコスメカウンターで美容部員さんにメイクをしてもらったり、メイクアップアーティストにお願いしてみるなど、プロを活用するのもひとつの方法です。

おしゃれを楽しんでいる人のもとに、さみしさくんが現れることはありません。

顔色がよくなるだけでも
明るいあなたが戻ってくる

ほわほわ素材や白色の服を着ましょう

ナイロンなどのひんやり冷たい素材よりも、カシミヤなどの肌ざわりが柔らかく温かみを感じることができる素材の服を着てください。

柔らかい素材に触れると触覚《しょっかく》によって人の心は癒《い》やされますが、柔らかい素材を見ているだけでも視覚を通《つう》じて同様の効果が期待できます。

例えば、犬や猫、うさぎなどのほわほわの毛で覆《おお》われた小動物を見て癒《い》やされるのは視覚効果によるものと言えるでしょう。人は心が癒やされると、さみしさよりも優しく穏やかな気持ちのほうが大きくなります。

他にも白色の服を着ることも、さみしさ対策には効果的です。

白いシャツやブラウスなどを着ると爽《さわ》やかな気分になれたり、一から出直す覚悟を決められたり、**気持ちがリセットされる効果**が期待できます。

パジャマやワンピースなど、自分の取りいれやすいものからで構いませんので、さみしさくんの存在に気がついた時にはぜひ白い服を着てみてください。

漠然《ばくぜん》としたさみしさや不安などは、考えだすと大きく膨《ふく》れあがる傾向があるため、たとえ一時的であってもリセットしておくことが大切です。

服は触覚と視覚から
さみしさを忘れさせてくれる

トイレで「幸せ」と言葉にしましょう

LEVEL

本書を読みながらお食事をしている方は少ないと思いますが、念のためにお断りをいれておきます。お食事中の方にはすみません。

ぜひトイレで用を足す時に「幸せ」と言葉に出してみてください。

4歳くらいまでの子どもを肛門期《こうもんき》といって、排泄《はいせつ》する時に快感を得ていると言われていますが、それは肛門期の子どもだけの話ではありません。オトナでも同じように**排泄時には気持ちよさ**を感じています。

トイレでスッキリとした**気持ちよさを感じている時に「幸せ」と口にすることは、幸福度を高めるとても理にかなった方法**なのです。

個人差はありますが、一般的に私たちは一日10回程度トイレへ行きます。

継続は力なりと言いますが、トイレへ行くたびに「幸せ」という言葉を口にするだけであれば、特別な努力をしなくても続けることができるでしょう。

手軽に続けられて、幸福度を高める効果が期待できるのですから、試さない手はありません。

周りに人がいる公のトイレを使用する場合は
心の中で唱えても効果があります

好きな野菜でぬか漬けを作りましょう

●ぬか漬けには大根、人参、きゅうり、白菜やかぶなどの野菜がオススメです。

LEVEL

身体と心には相互作用が働いています。**心の健康が崩れ、さみしさくんが活動的になっている時、多くの場合、身体の健康状態もあまりよくない**のはそのためです。そんな時は、好きな野菜でぬか漬けを作りましょう。

忙しいあなたには、週1〜2回程度の簡単なメンテナンスで済む冷蔵庫保存のぬか漬けがオススメです。野菜ごとに専用の容器が販売されていますので、選ぶ際には注意してください。

野菜をぬか漬けにすると、生で食べる時の5〜10倍程度に栄養素がアップするということがわかっています。

ぬか漬けには、身体と心に大切な栄養素である植物性乳酸菌、カルシウム、食物繊《せん》維《い》、酵素、鉄分、ビタミンA・E・B群などが含まれています。ただし、塩分を多く含むため食べすぎてはいけません。

朝食のお供として適量のぬか漬けを食べる程度で十分でしょう。食生活のスタイルに合わせて習慣化することが大切です。

健康的な食事を習慣化して継続に基づく自信を持つ！

すぐに貯金を始めましょう

LEVEL

無理のない範囲で、毎月決めた金額を貯金に回してみてください。

お金は使わなければ意味がありません。しかし、使うのは貯金が気持ちに余裕が生まれる水準に達してからのほうが賢明です。

貯金がないと、将来の見通しが立てにくく不安が増すばかりです。

「結婚せずにこのままずっと一人だったら私はどうなってしまうのだろう……」などと悲観的に人生を考えるようになると、さみしさがムクムクと顔を出し始めます。

ケルン大学のマイクル・ルーマン教授の研究では、60代以上の人々が感じるさみしさの理由のひとつに、「老後の心配」があることがわかっています。

自分の人生に経済的な不安がある時、人はさみしさを感じるのです。

たくさんを貯める必要はありませんが、たとえば「3か月分の生活費分」などと目標を決めて、コツコツとはじめてみるとよいでしょう。

少なくても貯金ができれば、将来の不安が軽減していき、さみしさくんの発生を抑《おさ》えることができます。

ある程度の貯金が、さみしさの発生を抑制《よくせい》するということを覚えておきましょう。

お金で幸せは買えないけど
不安は解消できるかも

断り方を身に付けましょう

自分の気持ちを表現するのが苦手な人はさみしさを感じやすくなります。自分を抑圧《よくあつ》し他者に合わせてばかりいると、やがてさみしさくんに心を占領《せんりょう》されてしまいます。この機会にアサーションを身につけてください。

アサーションとは、自分と相手を尊重しながら、適切に自己を表現するコミュニケーションスキルのことです。

アサーションには、「描写する」「表現する」「提案する」「選択する」という4つのステップがあります。

まず、事実に基《もと》づいた客観的な状況を述《の》べ、次に状況に対する自分の気持ちを伝えます。それから、相手に望む行動や解決策を具体的に提案し、最後に相手が選択した結果に対応するという手順で行います。

この手順に従えば、**相手に不快な思いをさせることなく依頼を断ったり、自分の素直な気持ちを抑《おさ》えず相手に伝えることができるようになります**。

上司に提案する場合や年上の部下を注意したり、同僚や上司の誘いを断る時にも使うことができます。慣れるまで何度も繰りかえし実践する必要はありますが、訓練すれば必ず身に付けることが可能なスキルです。

断り上手になろう

興味がある人の講演会に行きましょう

他者の経験を自分に活かそう

成しとげてきた人や、苦難を乗りこえてきた人の言葉には説得力があります。彼らの講演を聴けば、気持ちが前を向き、自分も何か始めようと思えるでしょう。

さみしさという感情は、自己効力感《こうりょくかん》（自分にはそれができると思える自信）がなくなってきた時にひょいと現れます。

カナダの心理学者アルバート・バンデューラは**自己効力感を高めるためには、代理経験が効果的である**と言っています。

代理経験とは、自分以外の他者が達成したり、成功していく様子を観察することで、成功者の講演を聴くことも代理経験を得る効果的な方法のひとつです。

中には自分には同じようなことはできないと考え、かえって自己効力感が低下してしまう人もいるでしょう。

しかし、行動する前から自分にはできないと考えるのは賢明《けんめい》ではありません。なぜなら、彼らも私たちと同じ普通の人間にすぎないからです。

結果がどうなるかわからないのはみんな一緒です。

できないと思って最初から行動しなかった人と、とにかく行動してみた人との違いでしかないのです。

コンプレックスを成長の糧にしましょう

LEVEL

コンプレックスを悪いほうにばかり考えると、さみしさくんを刺激してしまいます。自分に欠けているものを認識するあまり、与えることよりも得ることばかりに意識が向いてしまうからです。

この機会にコンプレックスへの考え方を正しくしましょう。コンプレックスには様々な形があります。

例えば、劣等感情が強い場合、**自己効力感が低下して卑屈《ひくつ》になり、努力もせず言い訳ばかりしてしまう劣等コンプレックス**という形になります。さらに、その先には優越コンプレックスがあります。劣等コンプレックスの強い人がそれを隠そうと見栄を張ってしまう、いわゆる虚栄心《きょえいしん》のことです。

まずはじっくり時間をかけて自分のコンプレックスについて考えてみましょう。おのずと自分の弱みと向きあうことになるはずです。

弱みを認め受け入れ、糧《かて》にして克服《こくふく》する努力をしましょう。弱みを克服するのが困難な場合は、強みをさらに磨《みが》きましょう。

コンプレックスがあるから人は成長できるのです。

自分のコンプレックスを正しく認知し
プラスのエネルギーに転換しよう

COLUMN

目標への階段は 一段ずつあがりましょう

なりたい自分と今の自分に乖離《かいり》が見られ、その差がなかなか埋まらないように感じると、自己効力感（自分にはそれができると思える自信）が低下して、さみしさを感じやすくなります。その場合、目標設定と行動に問題がないか確認しましょう。

例えば、あなたが「料理研究家になりたい」と思ったとします。そんな時、テレビで観た、既に成功し活躍している料理研究家をイメージするのではないでしょうか。

すると途端に、成功するまでの苦労を想像したり、ウェブ検索して調べてみただけで「私にはできそうにない」という結論を早いうちに導き出してしまいます。

広告の影響もあってか、英会話なら「すぐペラペラに話せる」、ダイエットなら「すぐにスリムな体型になる」という成功イメージを持たされてしまうもの。

しかし、現実は何をするにも初めはゼロの状態です。百段先にゴールがあったとして、階段百段を一気にあがることはできません。一段一段確実にあがっていけば必ずゴールに到達します。

思うようにいかないことが多く自信を失っている時は、ゴールに至るまでのステップを細分化しましょう。細分化した小さな目標をクリアするごとに、自己効力感は高まっていくはずです。

自分の心を
ポジティブな感情にする
ことを知っている人は、
さみしさが現れても
動じなくなります。
あなたが自分の心に素直に
なれるようなタスクを
集めました。

4　章

逃げ道を作っておく

コレクターになりましょう

LEVEL

自分の好きな物を思いつくかぎり書きだしてみてください。その中から自分がいちばん心をくすぐられるものをコレクション対象に選びましょう。

できれば、47都道府県別の記念硬貨や人気キャラクターのご当地マスコットのように、身近では**そうやすやすと手に入れることができない物であり、収集する数にゴールがある**ほうがより望ましいです。

なぜなら、少し苦労してでも、レアものを見つけるほうがゲームとして面白く、最終のゴールがあると1点ごとの収集による達成感だけでなく、全てをそろえ、コンプリートさせた時の大きな達成感も味わえるからです。

また、継続できるよう比較的コストのかからない物を選ぶことも大切です。

探し求めるうちにわくわく感や冒険心がうずくようになり、いつしか夢中になっていることでしょう。数年がかりで収集をコンプリートさせた時の感動や達成感の大きさは格別なものになるはずです。

わくわく感や冒険心を抱いて集めることができれば、あなたも立派なコレクターです。

夢中になったコレクションの数だけ
さみしさくんは減っていく

神社や仏閣をめぐり、さみしさを払いましょう

LEVEL

御朱印帳《ごしゅいんちょう》を持って寺社をめぐる御朱印ガールになることも、さみしさくんと距離を置くひとつの方法です。

御朱印をもらったら、神主に**厄払《やくばら》いならぬ「さみしさくん払い」をしてもらう**といいでしょう。社務所の受付で厄払いを依頼して、初穂料《はつほりょう》を納めれば受けることができます。

「別に厄年じゃないし……」と自分を対象外と考えてしまう人も多いと思いますが、生真面目に厄払いのタイミングを気にする必要はありません。

神社・仏閣には人々の心のより所として機能するという役割があるからです。厄年にかぎらずリフレッシュしたい、気持ちを切りかえたい、さみしさくんを払いたいと思った時もひとつのタイミングではないでしょうか。

実際にやってみた人からは「心が晴れた」「精神的にラクになった」といった感想をもらいます。

本当に厄が払われて気分が軽くなっているのかもしれませんし、気のせいかもしれませんが、いずれにしても「気持ちがラクになる」という共通点があるのは見逃せません。

厄と一緒にさみしさくんも払える

マンガを一気読みしましょう

LEVEL

マンガで楽しく脳を活性化させよう

単独行動にはなりますが、それでさみしさくんが活動的になることはありません。むしろ抑制されます。なぜなら、そもそもマンガは一人で読むものだからです。

オトナ買いして、自宅のソファーなどでゆっくり楽しんでもよいですし、女性専用席などがあるマンガ喫茶でリラックスしながら読むのもオススメです。

主人公に感情移入したり、ストーリーに夢中になっている時など、心が今に集中している時はさみしさくんは姿を現しません。

動きや音、色などの情報が多いアニメを観るよりも、**文字とモノクロの静止画という情報の少ないマンガを読むほうが脳は活性化される**こともわかっています。なぜなら、**情報を補完《ほかん》しようと脳が働く**ためです。

様々な試練を乗りこえながら主人公が成長していくストーリーや、純粋に夢や目標に向かって進もうとする姿勢が描かれているマンガを読めば、前を向いて生きることが自分にだってできると思えるようになり、今よりも少し自分の人生を楽観的に考えられるようになるでしょう。

楽観性は時にさみしさを排除《はいじょ》する大きな力となります。

ものづくりに挑戦しましょう

LEVEL

ものづくりに集中している人の心に、さみしさくんは宿りません。

例えば、最近、オトナ女子に人気が出ているぬりえもオススメです。ぬりえに集中している人の心には、さみしさくんが入れるすき間はありません。

なぜなら、ひたすら色をぬるという行動によって心がシーンと鎮まり、瞑想《めいそう》状態に入ることができるからです。

黙々とできる単純作業はストレスの解消に、色を選び仕あがりの**美しさを追求することで脳の活性化**も期待できます。

他にも、小物入れやアクセサリーをハンドメイドしたり、ＤＩＹで自分の部屋に合うオリジナルの家具を作るなど、ものづくりはオトナになった今だからこそ、クオリティーを追求しながら楽しめると人気を集めています。

プラモデル製作や１０００ピース以上のパズルを完成させるなど、手先を使った細かい作業もオススメです。

数時間で完成させることができるものから、２～３日程度かかるものまで様々ありますので自分に合ったものを選び挑戦しましょう。

クリエイティブな心にさみしさは棲みつけない

悲劇のヒロインを演じましょう

さみしさくんと闘うことを強制はしません。無理に元気をだせとも言いません。

なぜなら、あなたが巨大なさみしさに襲われている時や、あなたに辛く苦しい出来事が起きた時は、**いっぱいメソメソして悲劇のヒロインを演じたほうが早く好転することも**あるからです。

あなたの人生の主人公はあなたに違いありません。その時々で与えられた役柄を演じるのも主人公の務めです。悲劇のヒロインを演じても必ずクランクアップします。悲劇のヒロインだけを生涯演じ続けた女優など、一人も存在しませんので安心してください。

誰の人生にも例外なく悲劇と喜劇のシーンがあります。

今があなたにとって悲劇のシーンであるなら、精いっぱい悲劇のヒロインを演じればいいのです。

あなたの人間性は様々な役柄を演じながら深みを増していくでしょう。

今のあなたが感じている悲しみやさみしさがあなた自身を成長させてくれるのです。

毎日、メソメソしているのはよくないですが、たまにならめいっぱい、悲劇のヒロインになりましょう。

悲劇のヒロインもたまにはいい

丈の短いワンピースに挑戦してみましょう

他者の視線を感じることによって生まれる「恥ずかしい」という感情はさみしさを忘れさせてくれます。

なぜなら、**誰かに見られているという他者との意識的なつながり**を感じられるからです。

さみしさくんの存在を忘れたいなら、今のあなたが少し派手に思えるくらいの丈の短いワンピースを選んで着てみてください。

抵抗感は大きくなると思いますが、その分、さみしさは小さくなります。できれば膝丈くらいに挑戦してみることがオススメです。

丈の短いスカートとなると、季節や場所、シーンなどを選びますが、工夫して上手にファッションに取りいれましょう。

仕事ではパンツルックが多いという人もいるかもしれませんが、普段はしないファッションをすることで、変化を感じることもでき、新しい視点が得られるかもしれません。

いずれにせよ、他人の目線を気にして生活するというとマイナスな印象を持つかもしれませんが、さみしさくんを追い払うという点ではとても効果的なのです。

さみしさくんは羞恥心に弱い

「タラレバ」と考えないようにしましょう

LEVEL

既に終わった過去を「もしあの時○○していれば」と後悔したり、まだ訪れてもいない未来を「もしこの先△△だったら」と心配したり、**心が今ここにないと、人は悪いほうへ考えすぎてしまう**傾向があります。

いたずらに不安をあおって、恐怖心を大きくしていてはさみしさの思うツボ。不安や恐怖はさみしさの栄養分になるだけです。

考えてもOKですが、考えすぎてはいけません。

さみしい気持ちになっても、その原因を探ろうとあれこれ考えるのではなく、**制限時間を設けて自分の不安や恐怖と向き合う**ようにしましょう。

試しにスマホなどで10分後にアラームが鳴るようセットし、その間は目を閉じて自分のさみしい気持ちを改めて実感してみてください。

制限時間内に集中して脳を働かせるため、場合によっては、素直な感情から涙がでてくることもあるでしょう。それだけ効果が高まるのです。

また、**アラーム音が鳴り五感が刺激されると意識的にそこで考えることや感じることを止められる**ものです。

メリハリをつけることがさみしさくんと上手に付きあうコツです。

さみしさくんの調教が上手な人は切り換え上手

COLUMN

意識を「今ここ」に向けましょう

本書では「今」という時間を意識してすごせるようになるタスクをたくさん提案しています。

なぜなら、さみしさを感じている時は「今ここ」ではない場所に意識が向いてしまっていることが多いからです。

こうしている今も、すでに終わった出来事に気を病んでいたり、まだ起きてもいない出来事に不安を抱いたり、「心が今ここにない」状態になってはいませんか？

もしあなたが「今」とつながることができないのだとしたら、それはあなたの心が過去や未来に囚われているからです。
昨日はすでに過ぎ去った時間であり、明日はまだ訪れぬ夢にすぎません。過去を後悔し、未来をいたずらに予測するのはどちらも無益なことです。

今を懸命に生きることができれば、心にさみしさが入り込める隙間はできません。

今という一瞬一瞬を二度と戻ることのできない自分の人生時間と捉え《とらえ》、主体的に生きることを心がけて下さい。

他者とのつながりを
深く感じられる人に
さみしさは寄り付きません。
あなたが周りとつながりを
深く感じられるような
タスクを集めました。

5 章

つながりを意識する

温かい野菜スープを
食べましょう

さみしさを和らげるとっておきの方法があります。それは温かい野菜スープを食べること。とても簡単なので、拍子抜けするかもしれません。

温かい野菜スープでさみしさを和らげるためには、ふたつのポイントがあります。

ひとつ目のポイントは、温かさです。

エール大学の研究では、**身体で温かさを感じると社会的な孤独が和らぐ**ことがわかっており、サラダよりも野菜スープのほうがオススメです。

ふたつ目のポイントは、シンプルな味つけにすること。

化学調味料などの余計な味がついていない薄味のほうが、野菜を食べた時に野菜そのものの味が引き立ち、大地の味を堪能できるからです。

最後に、クタクタで野菜スープを作る気力がないという方に嬉しい研究結果をお知らせしておきます。

ニューヨーク州立大学の研究チームによると、**食べずともほっとして幸せな気分になる料理をイメージするだけで、さみしい気分が軽減**されるのだそうです。

温かいスープを食すことはもちろん
想像することでさみしさは軽減される

食べ歩きに出かけましょう

LEVEL

試しにスマホで「食べ歩き」と検索してみてください。

近くの商店街などがたくさん表示されますので、その時の気分や心境に合った目的地を選定《せんてい》しましょう。

また、地元農家の採れたての新鮮な野菜や、そこでしか買えないご当地品などが並ぶような道の駅もオススメです。時期によりますが、地域のお祭りの屋台を楽しむこともよいでしょう。

しつこいさみしさくんを追い払いたい場合は、人々の活気があふれる場所を選ぶことがコツです。

また、食べてみたいものや行ってみたいエリアなどがあれば、遠方の場所でも行ってみましょう。食べたい物を食べに行くという目的を持って外出することで、さみしさくんが寄りつかなくなります。小さすぎる目的に感じられるかもしれませんが、小さくてもきちんと効果を発揮してくれます。

ただ美味しいものを食べて歩くというシンプルな行動に思えますが、そこには**歩く・食べる・人と関わるという、さみしさくんが苦手とする3つの要素**が含まれています。

一人で気楽に、友人と楽しく、あるいは、親子で食べ歩くのもいいでしょう。

食べ歩きで活気を感じよう

不要なものを売りましょう

LEVEL

自分にとっては不要品であっても、他の誰かにとっては今まさに必要としているものになることがあります。

「自宅で眠っているお宝を売って下さい」とうたうリサイクルショップは多いですが、自分にとっての**不用品が誰かにとってのお宝になるという考えは、新しいつながりを生み出す価値のある考え方**です。

ものをたくさん所有していても、それらとつながっている感覚がなければ、その人にとってはゴミ同然の価値しかありません。ものであふれる自宅に帰ってもどこかさみしい気分になるだけでしょう。

ブリガムヤング大学などの研究チームは、**さみしさは寿命を縮めるリスクが高まる**と指摘しており、ゴミに囲まれていると寿命にまで影響を及ぼしかねません。

すでに壊れてしまっているジャンク品や、長らく使っておらず放ったらかしにしてある不要品などは、この機会に売りに出してみてはいかがでしょうか。

求める人に使ってもらうほうがものも幸せだろうと考えながら手放せば、ものやそれを手にする誰かとのつながりを感じることができるものです。

リサイクルに出すだけで
さみしさが消えて寿命ものびる

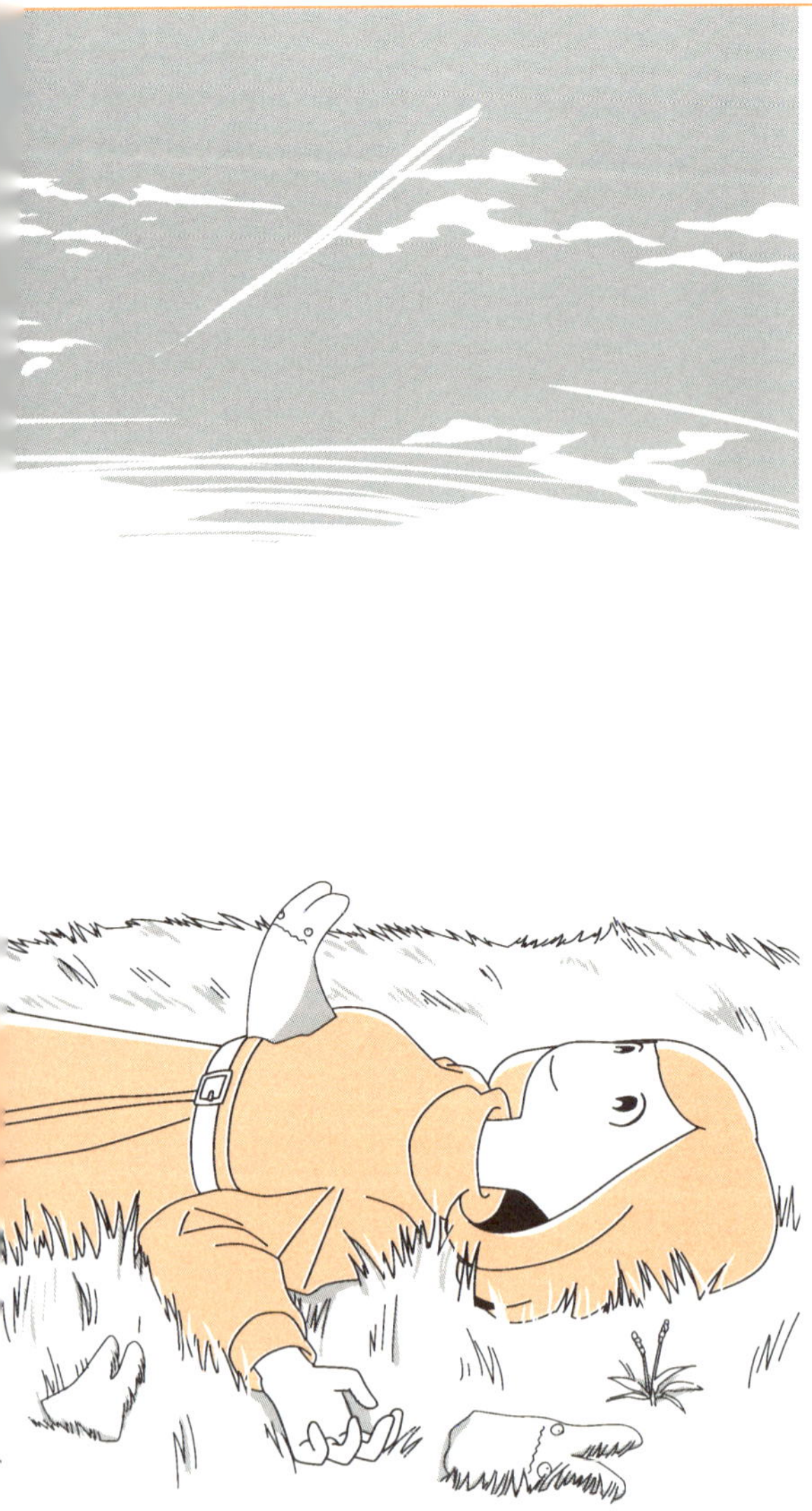

地面と背中をあわせて
空や雲を眺めましょう

LEVEL

地球と一体感を感じよう

青空が見えるくらい天気のよい日に、海辺の砂浜や河原の土手、公園の芝生などにシートを敷いて寝ながら空や雲を眺めてみましょう。

ただ気持ちいいというだけでなく、地面と背中を合わせることで自分が地球の一部であるという感覚が得られるものです。

また、青空とゆっくり流れていく雲を目で追いかけることで、視覚的な一体感も増します。

普段の生活の中では、目の前に障害物がひとつも存在しない場面はほぼありません。そのため、**空と雲を眺めることは脳に非現実的な刺激を与え、高いリフレッシュ効果**をもたらすのです。

青空や地球と一体感を味わっている時のあなたの心に、さみしさが長居することはできません。それまで強く感じていたさみしさの感情は、嘘のように消えていくことでしょう。

また、実践している人からは、仕事のストレスが小さくなっていくのを実感したという感想もあります。さみしさを感じている時だけでなく、ストレス対策にもオススメできる方法です。

プロに身体のコリを
ほぐしてもらいましょう

プロによるマッサージを受けると、気持ちよくて寝てしまう人がいます。

それは、ただプロの技術が優れているからというだけではなく、人の手による温もりが安心感を与えるという側面もあるからです。

人の温もりや愛情を肌で感じると、「オキシトシン」という幸せホルモンが分泌されます。愛撫《あいぶ》や抱擁《ほうよう》などの皮膚接触《ひふせっしょく》によって分泌が促《うなが》されることから「抱擁ホルモン」と呼ばれることもあります。

抱擁ホルモンは、さみしさに直接作用し抑制《よくせい》する働きがある強力な物質です。しつこいさみしさくんには、人肌に触れることで対処してみましょう。

他者との触れ合いがなくなると、今がチャンスとさみしさくんが活動を始めます。自分の体感覚で他者の温もりを感じることは、他者とのつながりを実感できるもっとも手っとり早くて効果的な方法なのです。

整体だけでなく、ヘッドスパやリフレクソロジーのように、頭皮や足裏など一部の部位でも構いません。

ただし、施術してくれる人との相性もありますので、自分にあった人に出あえるまでは何回か通う必要があるかもしれません。

コリもほぐれて、さみしさもほぐれる

花の香りをかぎましょう

LEVEL

フラワーショップやホームセンターの園芸コーナーなどに、少し滞在するだけでも構いません。

あるいは、道端や近所の公園などに咲いている自然の花を見つけたり、その時期ならではの花の祭典に足を運ぶのもいいでしょう。

花の香りは自然の恵みによって育まれたものです。ソムリエがワインの香りをかぐように、鼻先に意識を集中させて丁寧に花の香りをかぐと、土や水、あるいは風や太陽のにおいをほのかに感じることもできるでしょう。

花の香りを通してあなたが自然や大地と一体になる感覚が持てた時は、さみしさが和らいでくるはずです。

千葉大学環境健康フィールド科学センターによる最新の研究データでは、**花のある部屋で過ごすと、ストレスが緩和され、リラックスするという花の癒《い》やし効果**が医学的に証明されています。

オススメは玄関に置くことです。

そうすることで、外出時と帰宅時に必ず香りに触れることができます。

ぜひ生活に花を取りいれてみてください。

香りから感じる一体感を味わおう

イルカに会いに行きましょう

LEVEL

イルカの声はさみしさを癒してくれる

イルカはセラピー効果が高い動物としても有名です。

愛らしい表情や仕草はもちろんですが、特に鳴き声に癒《い》やされるという人は多いことでしょう。

それは、鳴き声にのせて発する超音波が、アルファ波（人間がリラックスしている時の脳波における主成分）の増加を促《うなが》すためとも言われています。

あなたの心を癒やすことは、あなたの心の中にいるさみしさを癒やすことにもなります。

飼育員との信頼関係が築けている人なつっこい性格のイルカに限りますが、最近では、イルカと一緒に泳いだり、トレーナー体験ができる水族館もありますので、ぜひ一度体験してみてはいかがでしょうか。

近所に大きな水族館がない場合は、なかなか難しいかもしれません。その場合はポニーもオススメです。ぜひ、近所で引き馬体験ができる場所を探してみてください。

馬の平熱は人間より1℃ほど高いため、乗った時に心地良い温かさを感じることができます。

動物とのふれあいも、さみしさくん対策にはオススメです。

COLUMN

大きな視点で
つながりを感じましょう

大きな視点といわれると躊躇《ちゅうちょ》してしまうかもしれませんが、そんな時は想像力を働かせてみてください。

・私たちの吐く息や流れる涙が蒸発して空気となり地球上を漂っている
・流れてくる雲や風は異国に住む誰かが以前に見たものかもしれない
・地球上の生命体は例外なく地球上の恵みを食べて生きている

など、地球や宇宙と自分がつながっていることを想像してみてください。

つながりを感じることができると心のすき間は埋まっていきます。さみしさが入れるすき間もなくなるでしょう。

また、共有という考え方を理解すると、よりつながりを実感しやすくなります。例えば、人は誰もが地球上の酸素を共有していますよね。

自分で貯めたお金も自分が死んでしまえば、自分のものではなくなります。結局のところ私たちは何かを自分だけのものにすることはできず、すべては借りものにすぎません。

私たち人間は生まれてから死ぬまで、あらゆるものを人類で共有して生きているのです。

どうぞ、あらゆる角度からつながりを考え感じ取ってみてください。

「足るを知る」という
言葉がありますが、
自分は恵まれているのだと
実感した時、さみしさは
足早に逃げていきます。
自分の持っている
ものを実感できるような
タスクを集めました。

6 章

持っているものを確かめてみる

故郷の味を楽しみましょう

LEVEL

子どもの頃におばあちゃんがよく作ってくれた煮物や、お母さんの定番メニューなど、故郷や家族の思い出がよみがえってくる料理を口にしてください。

故郷へ帰った時は、忘れずにその料理をリクエストしましょう。帰郷する時間がない時は、電話などで作り方を教わり自分で作ってみるのもいいでしょう。故郷の郷土料理や、それに近い味付けの料理を出してくれるお店がご自宅の近くにあれば、ぜひ食してみてください。

アメリカやイギリスなどでは、**安らぎを与える料理を「コンフォートフード」といい、人のメンタルによい影響を与えてくれる**と考えられています。

懐かしくも優しい味が、家族から愛情を与えられながら大切に育てられた人間であり、一人で生きてきたわけではないという、忘れかけていた真実を改めて思いおこさせてくれるはずです。

コンビニのお弁当やレトルト食品などで食事を手早く済ませる人は多いですが、そればかりではさみしさをぶくぶく太らせるだけです。さみしさくんがぐうたらになってしまったら、それこそあなたの側から離れなくなってしまうでしょう。

レンジでチンは早くて手軽だけど
さみしさくんが太りやすい

お金のかからない贅沢を知りましょう

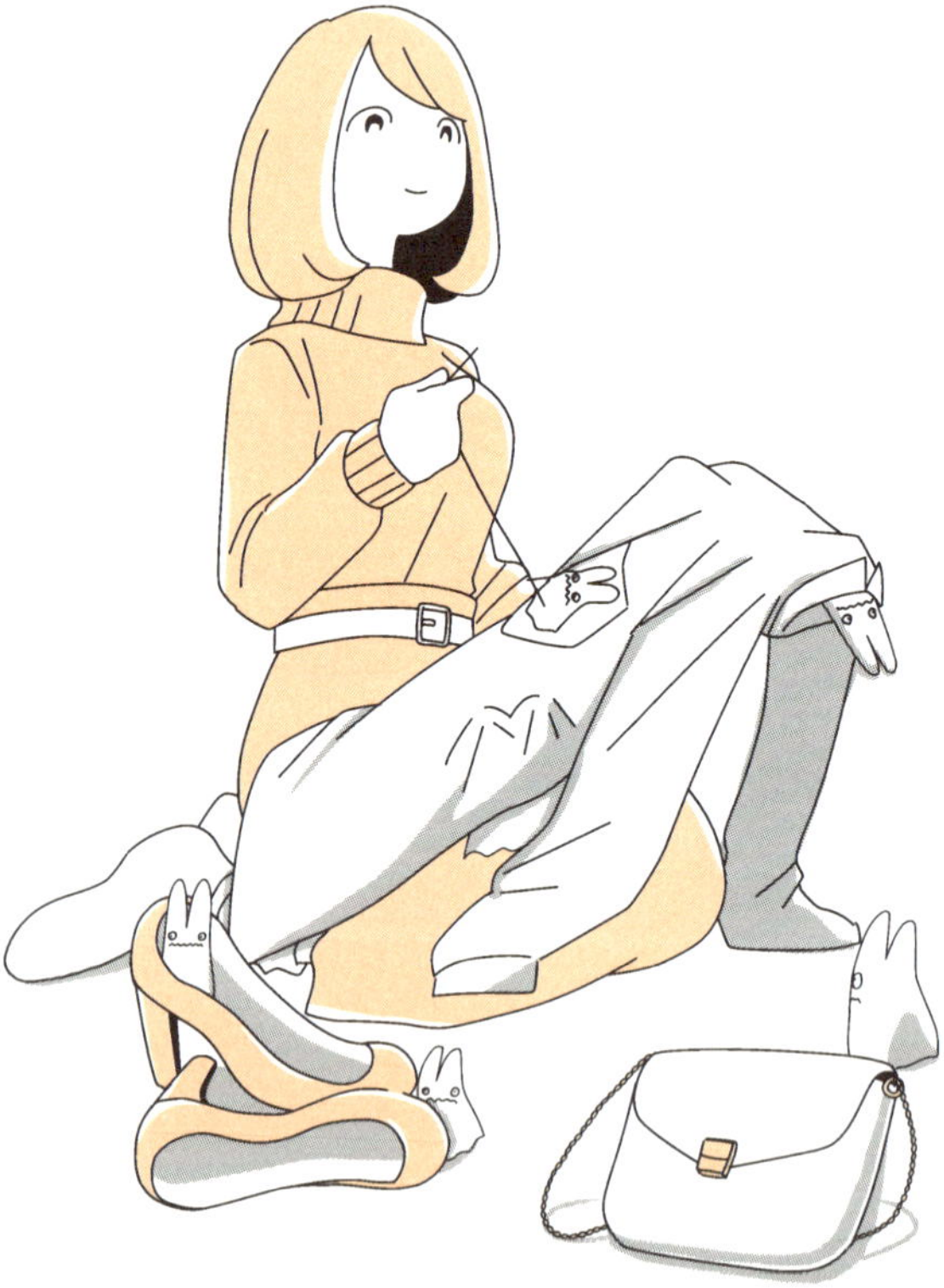

さみしさに取りつかれると、お金がなければ幸せは買えないと考えるようになります。

「高価なバッグを手にいれれば」「一流のレストランで食事をすれば」と、お金をかけた分だけ幸せになれると勘ちがいしてしまうのです。

持続的な内面の幸せというものは、お金をかけなくても手にはいるものです。

試しに、面倒で毎日は行わない作業をあえて行なってみてください。なぜなら、面倒なことを後回しにせず対応することが、結果的にお金をかけずに幸せを生みだすことにつながるからです。たとえば、その日に使った靴やバッグはその日のうちにお手いれするというのもいいでしょう。

もちろんものだけではなく、あなた自身に対しても同様です。面倒だからとシャワーだけで済ませず湯船につかり、インスタント食品で済ませず自炊をする。

疲れている時ほど面倒なことから逃げたくなるものですが、逃げずに対応すれば後々にご褒美《ほうび》が待っています。

靴やバッグは長持ちし、あなた自身も健康で長生きできるというご褒美です。

面倒なことから逃げないだけでお金をかけなくても幸せに暮らせる

自分の脳をだましましょう

LEVEL

自分の脳は自分で操縦しよう

人がさみしい気持ちになる時、その人の脳の操縦席にはさみしさくんが座っています。自分の脳をさみしさくんに操縦させてはいけません。

脳の操縦席に自分が座るためには、五感を使って脳を制御する必要があります。

まず、鏡の前で微笑んでください。軽く口角を上げる程度で構いません。

次に、自分の胸のあたりに軽く手のひらを置いて、鏡に映った自分の顔を見ながら、「私は恵まれている」と声にだしてみましょう。

体感覚、視覚、聴覚を使って、一連の流れをゆっくりと意識的に5回ほど繰りかえしてください。

自宅で一人真剣に実践していると、「こんな姿を誰かに見られたらおかしな人だと思われるに違いない」と思うかもしれません。

しかし、**五感を使うことは脳を制御する効果が期待できる科学的な方法**のひとつなのです。

誰も見ていないのですから恥ずかしがらずに本気で実践してみてください。

さみしさを乗り越えて新しい自分になるためには、時に少しくらいバカになることも必要です。

平凡な毎日を生きる
自分を受けいれましょう

LEVEL

平凡の中の幸せに感謝をしよう

さみしさに心を支配されている人は、「こんなはずじゃなかった」と過去を後悔したり、「どうせうまくいかない」と未来を悲観したりして、今ある幸せを見ようとしません。

自分の心が今ここにない時は、**平凡な毎日を生きる自分を受け入れること**から始めましょう。

素直な自分の心の声に耳を傾けてみてください。

様々な経験を経て大人になった今、おそらく、**平穏無事な日々の中にこそ幸せがあるということ**にも気づき始めているのではないでしょうか。

もしあなたが本当は「特別である必要はない。自分自身を強く肯定も否定もしていないけれど、自分らしくはありたい。大切な人とつながりながら毎日それなりに楽しくすごしたい」というごく普通の人生を望んでいるなら、この機会に、何の変哲もない日々、変わりばえのない毎日に感謝してみましょう。

特別な生き方をしていない自分を受けいれるのです。

平穏無事でいられることがどれほど素晴らしいことなのか、立ちどまって考えてみてください。

一人では生きていない真実に目を向けましょう

自分がひとりぼっちであると勘ちがいしている人の心に、さみしさは付けいってきます。

最初に断言させてください。**あなたはけっして、一人ではありません**。

もし今のあなたがひとりぼっちと感じているのなら、それが勘ちがいであり真実ではないことを今ここで明らかにしておきましょう。

そもそも、人間の赤ちゃんは他者の援助なしに生きのびることはできません。

つまり、**人間は誰もが生まれた瞬間から他者に支えられて生きることになり、すでに一人ではない**のです。

また、人間はオトナになっても、他者の援助なくして生きのびることはできません。

電気・ガス・水道などのライフラインが整備されているのも、多くの人たちの日々の仕事に支えられてこそです。

スーパーで野菜やお肉などを購入することができるのも、店頭に並ぶまでに多くの人たちの努力と援助があったからに他なりません。

生まれてこの方たったひとりで生きてきたという人はこの世にいないという真実に、目を向けてください。

ひとりぼっちの人は存在しないことを知る

他者と比べることはやめましょう

比べるなら理想の自分と比べよう

自分より幸せそうな人を見ると、気分が落ちこんだり、イライラしたりして、他者の幸福を素直に祝福できないという人は、さみしさくんの標的にされやすいので注意が必要です。

どうして私たちは他者と比べたがるのでしょうか。

おそらく、**他者と比べて自分はどうなのかという、社会における自分の現在地を確認**したいからなのでしょう。

「あの人よりはマシだ」と、自分を正当化したり、慰めたりするために、自分より劣っている人を探そうとしていないか、この機会に自分の心に問いかけてみてください。

たとえ他者と比べて優越感を得たところで、それは精神安定剤のような一時的な効果しかありません。薬の効果が切れ始めると、その反動でさみしさの幻覚に悩まされることになります。

そう考えると、他者と比べることがいかに非生産的な行為であるかということに気づくのではないでしょうか。

いたずらに自分と他者を比べてはいけません。

「自分は自分」という軸を持ちましょう。

COLUMN

悩みすぎない 癖をつけよう

長い時間悩みを抱えていると、ストレスもどんどん溜まっていくものです。そのストレスはさみしさの養分となり、増殖を促進させてしまいます。悩んでもいいですが、悩みすぎてはいけません。時間を限定して悩み抜いたら、後はいたずらに抗《あらが》おうとしないことです。

深い悩みを抱えている時は、まるで出口のないトンネルの中にいるように感じるかもしれません。このままずっと抜け出せないのではないかと、大きな不安に襲《おそ》われることもあるでしょう。

そんな時は渋滞にハマっていると考えてみて下さい。

ほんのわずかに前へ進んでは停止することばかりかもしれませんが、それでも後退することはありません。車を運転したことのある方ならわかる人は多いと思いますが、ある地点を境に突然スムーズに動き始め、結局あの渋滞は何だったのだろうと不思議に思った経験のある人は多いと思います。

人生という道における悩みの区間も同じです。ある時を境にまるで霧が晴れていくようにスッキリ解消されるものです。

自分よりも他者を優先
しようと心がけている人は、
幸福度が高くさみしさを
感じなくなります。このような
無私の心を持つことは難しい
ですが、さみしさ対策では
いちばん有効な方法です。
無私の心を養えるような
タスクを集めました。

7章
人に与える

人にプレゼントを贈りましょう

さみしさくんは、得ることや見かえりを求める人のところに群がります。

一方、与える人のところには寄りつきません。

日頃からお世話になっている人に対して感謝の気持ちを込めた品を贈ってみてください。きっと人とのつながりを感じることができるでしょう。

母の日、父の日、誕生日、記念日、お中元、お歳暮など、節目のタイミングで贈っても構いませんし、旅行のお土産など自分都合のタイミングで贈りたい時に贈るのでも構いません。

ただし、人に感謝を伝えプレゼントを贈ることは確かに与えるという行為なのですが、もしそれに対してお礼を求めてしまうと、結局は得ることや見かえりを求める人になってしまいます。

たとえ期待した反応が返ってこなかったとしても、怒ったり落ちこんだりしてはいけません。

相手への感謝の気持ちを持ってプレゼントを贈る。それで**自分の気持ちが温かくなったのなら、それで十分**なのです。

満たされた心にさみしさくんが付けいるすき間はない

部屋に花やグリーンを飾りましょう

植物にも与える気持ちで接しよう

好きな色や形の花や、部屋のインテリアに合いそうな観葉植物など、見ていると元気が湧いてきたり、癒《い》やされ、幸せな気分に包まれるような植物を部屋の中でよく目につく場所に飾ってください。

自宅を空けがちだったり、ズボラと自覚している人なら、頻繁《ひんぱん》にお水をやらなくても比較的長持ちする品種を選ぶといいでしょう。

特に観葉植物は1週間に1度程度の水やりで問題ないものもたくさん出ています。

そして、なるべく朝にお水をやるようにして、花やグリーンに「おはよう」と語りかけることをオススメします。なぜなら、朝起きて誰にも「おはよう」を言わない人のもとにさみしさくんが現れるからです。

また、葉を手でなでたり、湿らせた布で葉を軽く拭いてあげたりするのもオススメです。相手がグリーンだろうと花だろうと生命に変わりありません。

私たちと同じ生命体という感覚を持って関わっていると、次第に愛情が持てるようになるものです。たとえ対象が人間でなくても、愛情のあるところにさみしさが姿を現すことはありません。

植物とのつながりを感じながら生活するだけでも、生活に潤《うるお》いが感じられ、さみしさくんを遠のける効果があります。

寄付をしましょう

LEVEL

寄付と聞くと、お金持ちのすることだろうと他人事のように考える人は多いかもしれません。

あるいは、自分にはそんな余裕はないと感じるかもしれません。

しかし、寄付を杓子定規《しゃくしじょうぎ》に考えることはありません。

たとえば、日常的にクレジットカードを利用する方は、貯まったポイントを社会のために寄付することも可能です。

ポイントを自分へのプレゼントなどに引きかえるのではなく、あえて社会や困っている他者のために還元《かんげん》するのも立派な寄付に当たります。

また、ショッピングをしているとレジ横に募金箱が置かれていることもよくあります。

たとえば、商品を購入した際に出たおつりの端数、それが数円であっても構いませんので募金してみてはいかがでしょうか。

寄付の金額よりも**実際に行動するということが何より大切**です。

貢献《こうけん》している感覚によって社会とのつながりを実感することができれば、さみしさを寄せつけない強い心理状態になれるでしょう。

小さな貢献がさみしさくんを吹き飛ばす

お客さまの立場で考えましょう

LEVEL

もし、あなたが仕事をしている人なら、どんな形であれお客さまはいるはずです。そんな**お客さまが喜んでいる姿や、お客さまに感謝されている自分をイメージ**し、どうすればお客さまが幸せになれるのか具体的な行動プランを立ててください。

まもなく商談があるという場合は、事前にお客さまのニーズを正確に把握した上で、ご提案する商品やサービスによってそのニーズを叶えることができるということをわかりやすく説明して差しあげましょう。

メリットだけでなくデメリットも隠さずお伝えし、最後まで誠実な姿勢と熱意を持って関わることが大切です。

お客さまのことばかり考えていると、一向にかまってもらえないさみしさくんは、すねてどこかへ行ってしまうことでしょう。

仕事やお客さまのために一生懸命になることは、**さみしさくんが苦手としている他者に与えること**につながっています。

相手の喜ぶことを考えて、行動してみてください。人の笑顔や喜びを願う者の心にさみしさくんの入れるすき間はありません。

仕事に対する誠実な姿勢と熱意は、
人とのつながりを作りだす

マッサージをしてあげましょう

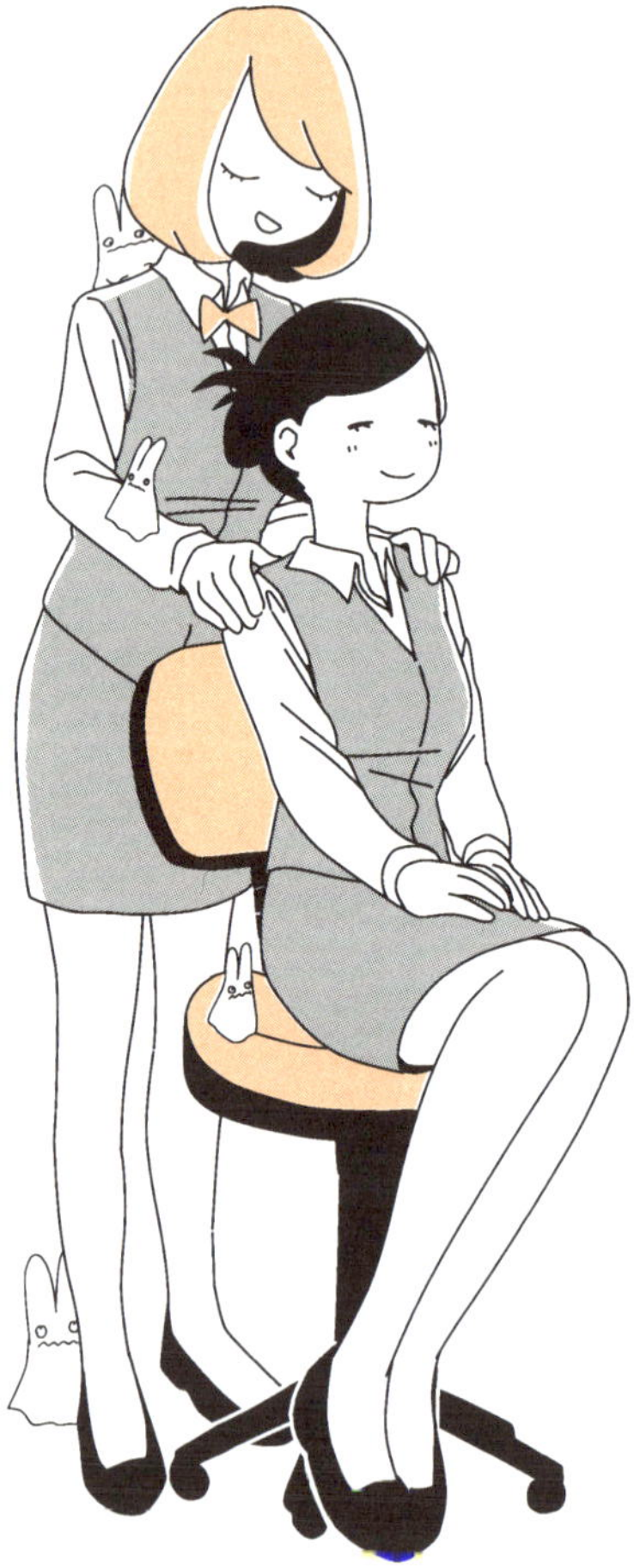

LEVEL

マッサージをしあえば心が近づく

デスクワークの時間が増えている現代社会では、肩コリに悩んでいる人、肩甲骨の内側がコリ固まってしまっている人が増えています。

家族や友人、職場の同僚など、まずは身近な人にマッサージをしてあげてください。コリをほぐしてもらって喜ばない人はいません。

相手の体温を手のひらで感じながら、ゆっくり丁寧にもみほぐしてあげましょう。相手の悩みを聞いて、希望に応えてあげるのもよいでしょう。

カチカチに固まった筋肉がほぐれていくうちに、**相手との心の距離も今まで以上に近づいてくる**ことでしょう。

自分へのマッサージを要求ばかりしていては、もみかえしの苦しみが残るだけです。さみしさを手なづけたいなら、まずは他者を喜ばせることを考えてください。

相手の温もりを肌で感じると「オキシトシン」という幸せホルモンが分泌されます。

人にマッサージをしてあげれば、相手のコリはほぐれ、自分も幸せな気持ちになれるため、お互いにとってポジティブな効果が期待できます。

他者に親切を与えましょう

LEVEL

周りに大勢の人がいても、それが他人には無関心な人たちの集まりであればつながりを感じることはできません。私たち自身もまた**他人に無関心でいる限りさみしさから逃れることはできない**のです。

ある女性の朝の通勤ラッシュ時の出来事です。

彼女は満員電車で背中を押され前の人になだれ込んでしまい、前の人から舌打ちをされました。彼女は反射的に「すみません」と謝りましたが、どうにも気分がスッキリしません。こうして彼女の一日は不快な気分で始まったそうです。ようやく電車を降りると、落とし物のパスケースを見つけました。持ち主が困っているだろうと思った彼女は、すぐにパスケースを拾って駅員室へ届けに訪ねました。するとそこには落とし主がいて何度もお礼を言われたそうです。「感謝されて一気に気分がよくなった」と彼女は言います。

人の気持ちというものは、小さなきっかけでガラリと変わるということなのでしょう。伝染させるなら**「いい気分」を伝染させたいもの**です。無関心社会の中で孤独を感じることがあっても、誰かにイライラをぶつけて伝染させるのではなく、どんなに小さくてもいいから誰かに親切にしてみることが大切です。

誰かに親切にすることでつながりを実感しよう

COLUMN

どうしても解決できない時には プロの力を借りましょう

悩みを自分一人だけで抱え続けてはいけません。一人の殻に閉じこもろうとすればするほどさみしさはあなたの心に寄り添ってきます。

行き詰まったら、プロの力を借りるという選択肢を持っていますか？　周りに相談できない悩みを抱えている人は少なくありません。その悩みは、その人にとって恥ずかしいことかもしれませんし、あるいは情けないことかもしれません。中には相談するほどのことではないと思っている人もいるでしょう。いずれにしても、問題を自分の力で解決しようと考えているのではないでしょうか。

プロに枕を選んでもらったら腰痛が治った、ハウスクリーニングに頼んだらレンジフードがピカピカになったなど。

似たような経験はありませんか？

このように、プロの力を借りるとそれまでの悩みが嘘のように解消されることはよくあります。これは心的な悩みについても同様です。精神的に苦しくてどうにもならない時は、プロの力を借りることをオススメします。

プロの力を借りるには、こんな方法があります。

・医療機関（心療内科・精神科）を受診する
・相談員に電話で気持ちを伝える
・カウンセリングを受ける

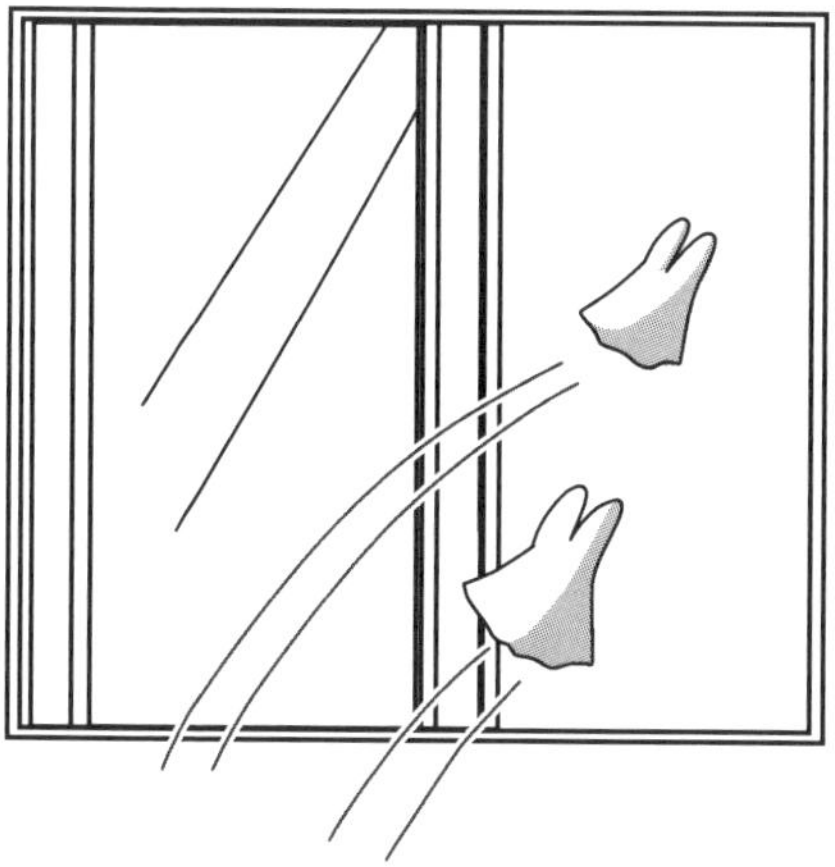

大森篤志

心理・行動分野の研究者。一般社団法人全国行動認知脳心理学会理事長。働く女性のための相談サイト「BP.Labo woman」を運営し、延べ5000人以上の女性から個別相談を受けている。最新の行動・認知・脳・心理の学術研究に基づく科学的な方法や、女性のみ50名以上の組織を円滑に運営してきた管理職の現場経験などを取り入れ、働く女性に特化した独自のサポートを提供している。
質の高い問題解決力とわかりやすい解説が、相談者をはじめ、メディアからも高い評価を得ている。

オトナ女子のための

さみしさくんのトリセツ

2018年4月7日　第1刷発行

著　者　大森篤志
発行者　土井尚道
発行所　株式会社 飛鳥新社
〒101-0003 東京都千代田区一ツ橋2-4-3
光文恒産ビル2F
電話 (営業)03-3263-7770
(編集)03-3263-7773
http://www.asukashinsha.co.jp

イラスト　否アラズ
ブックデザイン　albireo
印刷・製本　中央精版印刷株式会社

ISBN 978-4-86410-604-7

編集担当　宮崎綾